Das kleine Buch zur Zeit

Hoffnung
die meistgelesene Seite
meines Lebens
angegriffen
vergilbt
befleckt
vom ausgepreßten Lebenssaft
aber
ich lese sie
immer wieder

Ein Zeit-Wort als Vorwort

„Alles hat seine Zeit“, philosophiert der Prediger aus dem Alten Testament gelassen über das Leben, über Anfang und Ende und über unsere Zwischenzeiten. Annette Soete bedenkt wie der Prediger die Zeitansagen unserer Zeit, ohne die alten Zeitgeschichten aus den Augen zu verlieren. Zeit und Ewigkeit wird in diesem „Kleinen Buch zur Zeit“ ihr Themenfaden.
Sie läßt sich nicht von den werbenden und schillernden, laut tönenden Zeit-Proklamationen irritieren. Sie erkennt: „Ich bin Teil der Geschichte, bin aufgenommen in das ‘Immer und Ewig Gott’ – unbemerkt und nie verzeichnet von allen Geschichtsbüchern.“
So vermittelt das „Kleine Buch zur Zeit“ einen langen Atem, der mich aus dem All anweht und mich mit der ewigen Weite vertraut macht. Meine Zeit-Geschichte auf Erden ist angesagt im Himmel und knüpft meinen Lebensfaden mit allem, was geschaffen ist im Himmel und auf Erden.
Die Spuren des Neugeborenen, die Seele des Dahinscheidenden, der Atem des Anfangs und des letzten Endes erzählen von dem Land der Verheißung, aus dem wir gekommen sind. Annette Soete setzt Lebensweisheit und Einsichten in unseren Zeitenfluß und vermittelt immer wieder: Nichts geht verloren; denn DU zählst. Deine Zeit ist hineingezählt in Gottes Hand.
Wassily Kandinsky mit seinen Zeichnungen, Grafiken und Kompositionen, die nichts dem Zufall überlassen, läßt die Zeit-Uhren schlagen. Seine Bilder vermitteln nicht nur Gestaltung und Farbe, sondern unterschiedliche Klangfarben und bringen die Werke zum Klingen. Feingliedrig oder plakativ holt Wassily Kandinsky die Weite des Alls in die sichtbare Nähe und zeichnet die Zusammenhänge, die wir sonst nur schwer erahnen können. Das Ticken der alten Standuhr in Verbindung mit Sonne, Mond und Sternen, anderen Galaxien zeigt, was die Stunde geschlagen hat, und in welchen Zeiträumen ich lebe.

Das „Kleine Buch zur Zeit“, weit über alle Zeitenwende hinaus aktuell und darum zeitlos, möge Sie begleiten, beglücken und erfüllen, und Sie an das Zutrauen erinnern:
„Meine Zeit steht in deinen Händen“.

Ihr
Uwe Seidel

Im Anfang

Bevor Gott den Menschen erschuf als Mann und Frau, schuf er die Zeit. Deshalb gibt es ein Geheimnis um die Zeit, das der Mensch nicht zu entschlüsseln vermag.

Es ist uns gelungen, Schritt um Schritt dem Rhythmus der Zeitläufe auf die Spur zu kommen:
Nicht im Wechsel von Tag und Nacht, den spürt jeder von uns im Wachen und Schlafen. Nicht nur im Rhythmus der Jahreszeiten, auch den spüren wir deutlich an Leib und Seele.

Wir haben Kalender entwickelt. Erst einfach und unvollkommen, dann immer präziser, mit Schalttagen und Schaltjahren. Wir haben Uhren erfunden. Erst solche, die liebevoll aufgezogen werden müssen von Hand, dann solche, die mit winzigen Batterien fast unhörbar vor sich hin ticken und schließlich solche, die atomgetrieben scheinbar genauer sind als die Zeit selbst.

Um die Zeit ist es ein Geheimnis. Bei allem Gleichmaß des Verrinnens hat sie doch etwas sehr Persönliches, Intimes, Unverwechselbares. Die Zeit ist immer deine Zeit und meine Zeit. Das macht sie unverwechselbar. Meine Zeit kannst du nicht haben. Ich kann dir etwas davon schenken, so wie du mir. Du kannst mir etwas davon stehlen, so wie ich dir. Aber meine Zeit bleibt immer meine Zeit und deine Zeit bleibt immer deine Zeit. Wir gehören zusammen, meine Zeit und ich. Sie ist mir anvertraut. Ich beherrsche sie nicht, aber ich kann sie nutzen. Was ich aus meiner Zeit mache, liegt an mir.

Manchmal scheint sie mir davonzurasen. Manchmal ist sie zäh und der Uhrzeiger will scheinbar nicht weiterrücken. Manchmal ist jeder Augenblick ein Tropfen reinen Glücks. Manchmal wiegt jede Sekunde wie Blei. Manchmal erschreckt mich ihr Jagen, das mir die Endlichkeit so unausweichlich vor Augen führt. Es ist ein Geheimnis um die Zeit. Hin und wieder berührt es mich wie ein Segen, sogar die Innenwände meiner Seele.

Augenblick

Ein Weiser wurde gefragt, wie es gelingen könnte, den Augenblick voll auszukosten, um etwas davon festhalten zu können. Schließlich sei der Augenblick so wertvoll und unwiederbringlich, daß niemand ihn einfach so entschwinden lassen könne.

Was denkst du", fragte der Weise den Fragesteller, „wenn du versuchst, den Augenblick festzuhalten?"
„Ich denke: Jetzt!", antwortete dieser.
„Und dann?", fragte der Weise?
„In dem Moment, in dem ich: Jetzt! denke, ist er auch schon vorbei und ich habe nichts mehr davon. Festhalten kann ich nichts."
„Du hast recht", erwiderte der Weise. In dem Moment, in dem du: Jetzt! denkst, ist das jetzt schon vorüber. Jetzt! sagen nützt gar nichts.
„Aber was soll ich tun?" fragte der andere. Ganz gleich, was ich denke, es ist sofort verflogen."

Du täuschst dich", sagte der Weise. „Ich will dir ein Geheimnis anvertrauen. Versuch es einmal ganz anders: Atme tief ein und tief aus. Höre auf den Schlag deines Herzens. Denk in aller Ruhe an einen Menschen, den du liebst und erinnere dich an eine Freude, die er dir gemacht hat. Und dann sag ganz einfach und ruhig: „Ja". In diesem kleinen „Ja" kostest du den gegenwärtigen Augenblick voll aus. Viele vergangene Augenblicke und viele Augenblicke, die noch kommen werden. Das kleine „Ja" verfliegt nicht wie das flüchtige Jetzt! Es bleibt bei dir. Das kleine „Ja" ist stärker als die Zeit.
Es hat Teil an dem, was nicht vergeht."

Der Weise lächelte: „In jedem Ja wohnt ein Augenblick Ewigkeit."

Die Zeit und der liebe Gott

Als die Zeit alt geworden war und grau, saß sie eines abends auf der Bank vor ihrem Haus und ließ die letzten Strahlen der Abendsonne in ihr Gesicht scheinen. Das war alles, was ihr noch Freude machte. Die Zeit war sehr krank und litt große Schmerzen. Von Tag zu Tag wurde ihr das Dasein schwerer. Eigentlich wollte sie nicht mehr. Zu viel hatten ihr die Menschen im Laufe ihres Lebens angetan. Die Last wurde immer unerträglicher.

Da beschloß die Zeit, zu Gott Vater zu gehen und ihm ihr Leid zu klagen. Als sie so vor ihm stand, alt und gebeugt, nahm sie allen Mut zusammen und sagte zu ihm: „Du hast alles erschaffen, auch mich, die Zeit. Jetzt kann ich nicht mehr. Laß mich sterben. Dann habe ich endlich meine Ruhe." „Sterben willst du?", fragte Gott Vater sie. „Weißt du auch, was du da sagst?" „Ja", antwortete die Zeit, „das weiß ich. Ich will endlich meine Ruhe haben, die Schmerzen nicht mehr spüren und nichts mehr wissen von all dem Hin und Her auf der Erde. Eben einfach meine Ruhe haben." „Du weißt wirklich nicht, was du da sagst", antwortete Gott Vater mit einem Lächeln. „Sterben mußt du einmal, das ist schon richtig. Auch du bist vergänglich. Du weißt es selbst, du bist ja die Zeit. Aber ich glaube, du willst gar nicht sterben. Du möchtest ohne Schmerzen leben. Deinen Frieden willst du haben."

Die Zeit nickte bedächtig. Gott Vater hatte recht. Es war ihr gar nicht ums Sterben zu tun, sondern ums Leben. Die Zeit dachte nach: Sie hatte es oft genug gesehen: Sterben tut immer ein bißchen weh. Nicht erst am Schluß. In der Seele tut es weh. Und es fängt ganz früh an. Die meisten Menschen spürten das nur nicht. Sie merkten nur so eine Art Kratzen in der Seele. Nur sie, die Zeit, konnte tiefer blicken. „Ich sehe schon", sagte Gott Vater, „du hast mich verstanden. Ich muß dich nicht an die vielen kleinen Augenblicke des Sterbens erinnern, die du mit angesehen hast bei den

Menschen. Die Zeit schloß die Augen und erinnerte sich an die vielen Menschenaugenblicke, die sie mitangesehen hatte. Augenblicke, die weh taten, und Augenblicke, die glücklich machten. „Du hast recht," antwortete sie. „Ich möchte leben. Aber ich möchte, daß all das aufhört, was müde macht und weh tut." „Gut," sagte Gott Vater und schaute ihr fest ins Gesicht. „Trotzdem wirst du sterben."

Die Zeit sah ihn erschrocken an. Das hatte sie nicht erwartet. Hatte er ihr nicht gerade neuen Geschmack am Leben gemacht? „Keine Angst", sagte Gott Vater und sein Lächeln wurde immer tiefer. „Du wirst sterben. Aber es wird anders, als du denkst. Vielleicht wird es ein bißchen weh tun. Vielleicht wird es dir auch große Schmerzen bereiten. Vielleicht wirst du auch für einen Moment glauben, ich hätte dich verlassen. Vielleicht wirst du mir für einen Augenblick sogar böse sein. Ich verrate es dir nicht. Aber ich verspreche dir, ich werde da sein. Ganz nah bei dir."

Die Zeit blickte ganz erschrocken auf. Das hatte sie nicht erwartet von ihrem Gespräch mit Gott Vater. Verstand er denn gar nicht, was sie wollte? Gott Vater ließ sich nicht beirren. „Du wirst sterben", sagte er noch einmal. „Erinnere dich daran, daß ich nicht einmal meinen eigenen Sohn davor verschont habe. Und er hat es schwerer gehabt als du. Du solltest es wissen, du bist doch die Zeit und hast alles gesehen." Die Zeit schwieg. Als sie vom Sterben zu reden begann, hatte sie daran gar nicht mehr gedacht. Sie wurde ein wenig verlegen. Wie hatte sie das vergessen können? „Ich werde da sein", sagte Gott Vater ganz leise. „So wie ich bei meinem Sohn da war. Ich habe sein Herz von innen berührt. Das werde ich auch für dich tun. Du wirst es spüren, auch, wenn du es dir jetzt noch nicht vorstellen kannst."

Die Zeit schwieg weiter. In ihr war es still geworden. „Willst du immer noch sterben", fragte Gott Vater. „Nein", antwortete die Zeit. „Gut", sagte Gott Vater und sein Lächeln wurde noch tiefer. „Es ist ein Geheimnis. Es hat etwas zu tun mit dem, was du bist. Du bist die Zeit. Du bist ein Teil der Ewigkeit. So, wie die Menschen zu mir gehören. Sie haben das auch noch nicht so richtig verstanden. Du hast einen Anfang und ein Ende. Aber dieses Ende ist nicht der Schluß. Bei allem, was zu mir gehört, kann es keinen endgültigen Schluß geben. Dein Ende wird aufgehoben werden in die Ewigkeit. Das ist das Geheimnis."

Die Zeit blickte auf. Langsam und bedächtig ging sie zurück zu ihrem Haus und setzte sich vor die Tür in die Abendsonne. Sie wollte nicht mehr sterben. Sie wollte verwandelt werden.

Gott Vater schaute ihr nach.
Er wußte, daß sie leben würde.
Er wußte ja alles.

Meine Zeit

Die Zeit
kam und ging
wie eines sanften Frühlings
frohes Lied
wie in der Sommerhitze
flimmernd heiße Glut
wie farbig hellen Herbstes
buntes Laub
wie Winterkälte
wenn die ersten Fröste uns erschauern

Die Zeit
kommt und geht
und trägt uns fort
sie kommt
mit Freude, Hoffnung, Liebe, Glück
mit Angst, mit Schmerzen, Trauer, Leid
sie hüllt uns ein
in Dunkel
und in Licht

Die Zeit
ein Freund
der meine Horizonte öffnet
und dabei unerbittlich
des Lebens Reife
und des Alters Weisheit
von mir fordert
und der zugleich
die Not in mir
in Schweigen hüllt
und mit den Jahren
das Leid verwandeln will
in Frieden

Die Zeit
kommt und geht
und ob wir wollen oder nicht
wir gehen mit
bis auch sie selbst
sich dann verliert
weil der
dem auch die Zeit gehorcht
gebietet:
Es werde Ewigkeit
und sieh
ES WIRD

Am Straßenrand

Hand in Hand
Blick in Blick
versenkt ineinander
als gäbe es die Zeit nicht
nur die beiden
die sich für einen Augenblick
genügen

Bald schon
wird der Strom der Alltäglichkeit
sie wieder erfassen
sie mitreißen
in dem Getriebe aus Zwängen
aus der Hast der Geschäftigkeit

Doch auch am Fließband
der gehetzten Wirklichkeit
werden sie ineinander geborgen
voneinander Leben schöpfen

Alles hat seine Zeit

Alles hat seine Stunde.
Für jedes Geschehen unter dem Himmel
gibt es eine bestimmte Zeit:

Eine Zeit zum Gebären
und eine Zeit zum Sterben;
eine Zeit zum Pflanzen
und eine Zeit zum Ernten.

Eine Zeit zum Weinen,
eine Zeit für die Klage
und eine Zeit für den Tanz.

Eine Zeit der Umarmung
und eine Zeit, sich aus ihr zu lösen;
eine Zeit zum Suchen
und eine Zeit zum Verlieren.

Eine Zeit zum Behalten
und eine Zeit zum Wegwerfen;
eine Zeit zum Zerreißen
und eine Zeit zum Zusammennähen.

Eine Zeit zum Schweigen
und eine Zeit zum Reden;
eine Zeit zum Lieben
und eine Zeit zum Hassen.

Eine Zeit für den Krieg
und eine Zeit für den Frieden.

Alles hat seine Stunde.
Für jedes Geschehen unter dem Himmel
gibt es eine bestimmte Zeit.

(aus Prediger – Kohelet 3)

Alles hat seine Stunde

Ein Trost, wenn Kälte alles umgreift,
weil Sommer und Ernte wiederkommen werden
im stetigen Laufe des Jahres.

Ein Trost, wenn einer vor Trümmern steht und weiß,
es kommt die Zeit, in der neuer Aufbau möglich ist und gelingt.

Ein Trost, wenn etwas verloren ging
und die Hoffnung gefunden ist, daß die Suche zum Ziel führt.

Ein Trost, wenn alles zerreißt
und doch nicht alles verloren ist,
weil sich zusammenfügen läßt, was zerrissen ist.

Ein Trost, wenn das Schweigen bedrückt,
weil die Stimmen, die das Schweigen brechen, schon nahen.

Ein Trost, wenn Haß verletzt,
weil am Ende doch die Liebe siegen wird.

Ein Trost mitten im Krieg;
auch in der größten Verzweiflung stirbt die Sehnsucht nach
Frieden nicht.

Ein Trost in allen Toden um uns und in uns,
weil das Leben den Tod besiegt.

Alles hat seine Zeit.
Aber über der Zeit steht Gott.
Seine Gnade hält dich fest.
Auf den hellen Seiten
und auch auf der dunklen Seite der Zeit.
Alles hat seine Zeit.
Alle Zeit aber hat ihre Gnade.

Die Engel der Verkündigung

Wenn
die Engel
der Verkündigung
wieder
die Fanfaren erheben
wird die Botschaft
anders sein

Nicht lieblicher Engelsang
füllt dann das Land:
auf, geht nach Bethlehem
seht dort
das Kind

Wenn ihr
zum zweiten Mal
die Stimme der Engel hört
sagt euch ihr Wort:
Steht auf
und lebt!

Wenn ihr
das letzte Mal
die Stimme hört
erhebt sich
der Engel
mit dem flammenden Schwert
und löscht das Feuer
am Eingang zum Paradies

Wenn ihr hört
ruft der Fanfarenklang
Ewigkeit aus:
Der Himmel
steht auch offen

Spuren

Die Augen
eines neugeborenen Kindes
leuchtend
von dieser Spur
Ewigkeit
diesem Glänzen
aus einer anderen Welt
die es noch kennt

Morgen schon
beginnt dieser Glanz
zu verblassen und
übermorgen
werden wir ihn
nicht mehr sehen

Die Zeit
hat Besitz ergriffen
von dem kleinen
Menschen
und trägt ihn
mit sich fort
in die Stürme
unserer Welt

Nur
in der Tiefe
der Seele bleibt
eine Ahnung zurück
unauslöschlich
von dem Land der Verheißung
aus dem wir gekommen sind.

Erwachen

Die Augen
eines Sterbenden
die Seele angefüllt
mit gelebter Zeit
gezeichnet
vom auf und ab
der Tage und Jahre
Zeit in dieser Welt
die nun verlöscht

Doch
diese Ahnung
einer anderen Welt
wird wieder wach
die Seele
kehrt zurück
zur Geburt
in den Augen
leuchtet wieder
diese Spur Ewigkeit
dieses Glänzen aus
dem Anfang

Wenn
beim letzten Atemzug
die Augen
sich schließen
für immer
erwachen
die Augen der Seele
für immer
beginnt
neue
Geburt.

Offenbarung – Zeit

Dann sah ich einen neuen Himmel und eine neue Erde; denn der erste Himmel und die erste Erde sind vergangen.

Ich sah die heilige Stadt, das neue Jerusalem,
von Gott her aus dem Himmel herabkommen.

Da hörte ich eine laute Stimme vom Thron her rufen:
Seht, die Wohnung Gottes unter den Menschen!
Er wird in ihrer Mitte sein und sie werden sein Volk sein;
und er, Gott, wird bei ihnen sein. Er wird alle Tränen von ihren Augen abwischen. Der Tod wird nicht mehr sein, keine Trauer, keine Klage, keine Mühsal.
Denn was früher war, ist vergangen.

Er, der auf dem Thron saß, sprach:
Siehe ich mache alles neu.

(aus der Offenbarung 21 des Johannes)

Zeit-Geschichte

Es gibt die Zeit und es gibt die Geschichte.
Ohne Zeit gäbe es die Geschichte nicht.
Die Geschichte lebt davon, daß die Zeit kommt
und geht und mit ihr die Menschen.

Geschichte ist gedeutete Zeit.
Ohne Deutung wäre alles nur ein Abspulen von dem,
was war, was gerade ist und was geschehen wird.
Erst wenn die Zeit zur Geschichte wird, wird sie menschlich.
Geschichte des einzelnen und Geschichte der Welt.

Wenn die Zeit zur Geschichte wird, hat die Vernunft
begonnen, sich der Zeit zu bemächtigen. Sie beschreibt
und beurteilt sie, sie lobt und tadelt sie. Und sie sucht
– vor allem anderen – in ihr den Sinn und das Ziel.

Die Zeit ist bestimmt vom Werden und Vergehen,
von Anfang und Ende. Die ewige Fortsetzung Zeit ist
eine Illususion. Die Zeit wird einmal ein Ende haben und
die Geschichte wird einmal ein Ende haben.

Was dann? Die einen stellen an das Ende die Phantasie
eines ins Nichts explodierenden Chaos. Doch das wäre
die unendliche Fortsetzung des Nichts.

Etwas, das ist, kann nicht ins Nichts zergehen.
Es fließt zurück in das, woher es gekommen ist:
Endliche Ordnung in unendliche Ordnung, Vergängliches in
Unverhängliches, Zeit in Ewigkeit, alles Geschaffene in die
Hand des Schöpfers.

Zeit verlangt nach Ewigkeit und mit ihr jede in die Zeit gebundene Menschenseele. Der ganze sterbliche Mensch verlangt unwiderruflich nach Unsterblichkeit. Das ist das unauslöschbare Echo des Schöpfers in uns.
Bei seinem Ja zu meinem unverwechselbaren Menschenleben mir eingepflanzt, mit auf den Weg gegeben.

In jedem Menschen lebt die Sehnsucht,
im Sterben neu geordnet zu werden, neu zusammengefügt,
damit meine ganz persönliche Menschenzeit
zu einem Teil der Ewigkeit wird.

Ich bin Teil der Geschichte. Aber sie macht keinen Sinn, wenn sie über mich hinwegfährt und zerrieben zurückläßt. Meine Zeit ist Teil der Geschichte. Unspektakulär und in den Geschichtsbüchern nicht vermerkt. Und doch unverwechselbar. Nur, weil die Zeit eines jeden Menschen hineingenommen wird in das Immer Gottes, hat die Geschichte Sinn. In diesem „Immer" Gottes wird die Geschichte zu einem Teil der Ewigkeit.
Weil Gott es will.
Gott, dem wir gehören mit Leib und Leben und mit aller Menschenzeit, ist nicht ein ferner Fadenzieher und nicht ein ferner Abseitssteher. Er hat sich uns auf den Leib geschrieben.

Wir gehören zu Gott, zur Ewigkeit. Christus hat sein Menschsein nicht angezogen wie ein Kostüm,
das man ablegt nach dem Spiel.
Gott ist Mensch geworden.
Ist Mensch gestorben.
Ist Mensch auferstanden.
Ist Mensch aufgefahren in den Himmel.
Ist Gott.

Seitdem ist alle Geschichte angekommen im Himmel.
Und das Ende der Zeit wird kein Trauma sein, sondern ein Traum, der sich erfüllt.

Die beiden Alten

Ich liebe dich
noch wie am ersten Tag
und anders doch
denn
unsre Liebe
trägt die Spuren
des ganzen Lebens
sie kennt
das Glück
das sich
erfüllt
entzieht
und wieder schenkt
sie kennt
das Lachen und die Tränen
das gute
und das böse Wort
sie kennt
die Lust
und die Verweigerung

Ich liebe dich
so wie am ersten Tag
und doch weit mehr noch
mit dem Glück der Treue
die für uns
Zukunft
ist.

Dann

Die helle Stunde
wenn sie
blasser wird

Wenn die Schatten
fallen
auf den Traum
aus unverletztem
Glück

Wenn
aus kleinen
Brüchen
Krater
werden

Wenn
die weiße Taube
dunkel wird

Dann grabt
nach den Tönen
eurer ersten
Melodie

Sucht
sachte
nach dem Lied
vom Schöpfungstag

Bis
die Taube
euren Zweig
gefunden hat.

Nichts geht verloren

Kommen und gehen.
Werden, Vergehen und neues Werden.
Nichts geht verloren im Wunderwerk der Schöpfung.
Der Schöpfer selbst hat allem sein Maß gegeben
und seine Zeit.
Was vergangen ist, fängt er auf in seiner Hand
und fügt es wieder ein in den Kreislauf der geschaffenen
Dinge.

Nur uns Menschen gibt ER nicht wieder her.
Einmal aufgefangen in seiner Hand
behält er uns bei sich
und läßt unsere Seele frei werden von allen Lasten der Zeit:
Bis zu dem Tag,
den keiner kennt, als er allein.
Bis zu dem Tag,
an dem er unseren sterblichen Leib neu schafft
und uns bekleidet mit dem Leib der Unsterblichkeit.

Was ist die Zeit

Ein Tautropfen
auf frischem Grün
am Mittag
klaglos verdunstet?

Ein Vogellaut
heiter und rein
gehört schon verklungen?

Ein Sonnestrahl
ins lichte Blau gesetzt
verflogen
im Schatten?

Eine Perle
auf den Weg gefallen
von schweren Schritten
zertreten?

Was ist die Zeit
im Angesicht
der Ewigkeit
die Zeit
so begrenzt
und so flüchtig?

Die Zeit
sie ist nur
ein vergänglich Ding
und doch
ein Augenblick
der Ewigkeit
ganz unverwechselbar
in sie hineingezählt
von Gottes Hand.

Was wird sein

Ist das Ende
ein Anfang
der sich nie erschöpft
öffnet sich
die ewige Weite verstehender Liebe
der lichte Grund bergender Barmherzigkeit
der nicht verstößt
der rettet
der nicht rächt
der heilt
der Ja sagt
selbst zu dem
der in sich selbst nichts spürt als Nein?

Ja
so muß es sein
wenn du mich rufst
wenn ich dir begegne
und dir nicht einmal leere
nur beschmutzte Hände
entgegenstrecken kann.
Denn du
mein Gott
scheust die Berührung nicht
nimmst meine Hand
in deine guten Hände.

Zuspruch

Der Herr gewähre dir die Zeit,
du selber zu werden.
Er gebe, daß dir gelingt, dich selber zu finden,
nicht eigenwillig, sondern einwilligend in seinen
guten Willen für dich.
Er gebe, daß du begreifst, was er für dich plant,
und Ja sagen kannst dazu, damit du frei wirst für die Fülle
des Lebens.

Der Herr gewähre dir die Zeit,
zu den andern zu finden.
Er gebe, daß es dir gelingt, Freunde zu finden,
nicht eigennützig, sondern im Vertrauen,
daß wer gibt auch empfängt.
Er gebe, daß du begreifst, was Gemeinschaft bedeutet,
und Ja sagen kannst zu den andern und niemals allein bist.

Der Herr gewähre dir die Zeit,
ihn zu finden.
Er gebe, daß dir gelingt, dich für ihn zu öffnen.
Er gebe, daß du ihn spürst in der Liebe der andern.
Er gebe, daß du ihm begegnest im eigenen Herzen.
Er gebe, daß dein Glaube immer größer sei als deine Angst,
als Fragen und Zweifel.
Er lasse nicht zu, daß du ihn verlierst.
Er halte dich in seiner Hand.

Woher wir sind

Wir sind
nicht
aus dem
Nichts
denn
Gott
ist

Wir sind
aus dem
Alles
denn
Gott
ist

Wir gehören
nicht
dem Untergang
wir gehören
dem Anfang
denn
Gott
ist
wir
sind
Gottes.

Was zählt

Manchmal
rennt die Zeit davon
mit der Geschwindigkeit im Überschall

Manchmal
frage ich mich:
was bleibt
wenn ich gehen muß
wird was ich zurücklasse
etwas bedeuten
wird man darüber sprechen
wird es die zerrinnende Zeit überdauern
hat es Bestand?

Ich weiß
die Antwort nicht.

Und dann
wenn die Zweifel kommen
an mir selbst und am Leben
frage ich Gott:
was wird sein
wird das,
was ich lebe zählen?

Und du sprichst
unerwartet
und anders
als ich denke:

Frag nicht danach,
was zählt.
Denn sieh,
auf eins kommt es an:
Du zählst
für mich.

Segen

Der Herr gewähre dir zu aller Zeit seinen Segen.
Er lege seine Gnade auf jedes deiner Jahre.
Er schaue dich an Tag für Tag in Erbarmen und Güte.
Er lasse dich keinen Augenblick unbehütet.

Der Herr halte deine Zeit in seinen Händen
und lasse, wenn die Zeit gekommen ist,
sie für dich Ewigkeit werden.

Bild-Impulse

Titel *„Hommage à Grohmann“*
Kandinskys meditative Entschlüsselung: „Gelb ist eine warme Farbe, kommt auf den Betrachter zu; Blau ist kalt, entfernt sich vom Betrachter, vertieft, ruft den Menschen ins Unendliche, in die Ruhe. Im Grün finden Blau und Rot ihre Ruhe. Im Weiß sind alle Farben verschwunden, es ist das große Schweigen wie das Nichts vor der Geburt. Schwarz ist das Nichts ohne Möglichkeiten, Abschluß für alle Zeit. Rot ist das Brausen und Glühen – Energie nach innen.“

Seite 2 – *Cercle Bleu*
Das Blau zieht in die lichte Weite, umgeben vom energiegeladenem Rot. Vom Blau-Gestirn wird die Großkugel mit ihren roten Mischfarben bestimmt, durchkreuzt und durchzogen von Formen und Farben, umgeben von wellenähnlichen Horizonten. Die denkende Richtung endet im Schwarz. Blau bestimmt trotzdem seinen Einfluß.

Seite 5 – *Résonance*
Das schwarze Dreieck, das Nichts vor der Geburt, durchsetzt vom Rot, der lebensschaffenden Energie, durchpfeilt die Farblandschaft. Sonne und Mond, Zeitzeugen der Résonance aus den Gegensätzlichkeiten sind schon geschaffen, andere Welten und Formen entstehen: Farbtupfer neuer Galaxien.

Seite 7 – *Kleine Welten*
Das Leben zirkelt die Zeit, umkreist vom Nichts-Schwarz wird es wie von einer farbigen Fahne durchzogen: Energie-Rot, wärmendes Gelb, tiefes unendliches Blau. Spiel und Spaß bestimmen den Kreis, die kleine Welt, durchbrechen ihn und führen auf der geordneten Straße nach Hause – nach irgendwo.

Seite 11 – *Ruhige Spannung*
Aus dem schwarzen Nichts, der weißen Weite, dem Wolkenblau, dem rotschattierenden Rahmen ähnlich einem Kirchenfenster, entsteht der Ausgleich, die ausgewogene ruhige Spannung. Aus Schwarz und Blau und Gelb entsteht das Gestirn der Ruhe.

Seite 14/15 – *Im Blau*
Kandinsky: „Roter Kreis sitzt fest, behauptet seine Stelle, ist in sich vertieft. Aber gleichzeitig wandert er, da er alle übrigen Stellen haben möchte – so strahlt er über alle Hindernisse bis in die weiteste Ecke.“ Halbkreis und Sonnenzeiger, Erinnerung an eine astronomische Sonnenuhr. „Im Blau“ sind sie alle aufgehoben: die Musikalität der Farben, schwerelos schweben sie im blauen, tiefen Universum.

Seite 19 – *Spannung in Rot*
Ein dunkles Rot, ein abgetöntes Grün bis ins satte Schwarz – umgibt die „Spannung in Rot“, ein Haus der Welten mit Ecken und Kanten, Blumen und Gestirnen – und ein paar Kontakte nach außerhalb; eingebettet in glühende Energie, ohne daß die Zeichen und Anzeigen verglühen.

Seite 22/23 – *Ernst – Spaß*
Kleine Formen, verteilt über die Fläche, so gehören die scharfen, spitzen Dreiecke, die sich rechtwinklig kreuzenden Linien, die bauklotzähnlichen Blöcke zu den „ernsten“ Formen; die auf die Spitze gestellten Dreiecke, die gekippten Halbkreise und die farbigen Punkte zur „heiteren“ Seite. Die Spannung zwischen den unterschiedlichen Formen und Farben wird deutlich sichtbar.

Seite 27 – *Etages*
Erinnert an die Schnittzeichnung eines Hauses. Die einzelnen Elemente, skurrile Figuren, scheinen in den Räumen eingeschlossen zu sein, die Ausnahme:
Das spitze Dreieck in der vierten Etage, das zur dritten eine Verbindung schafft.

Zueinander halten die Bewohner ein gut ausbalanciertes Gleichgewicht: Punkte und Kreise, glatt und gezackt, durchkreuzen halbiert, freistehend oder miteinander verbunden, ja verschmolzen. Wie das Leben in einem Haus.

Seite 29 – *In Alto*
Das „alte" Gesicht reduziert Kandinsky auf Kreis und Halbkreis, Punkt und Linie. Er verschiebt die linke gegen die rechte Hälfte, aus Hals und Kragen wird ein gezacktes Vieleck. „Heutzutage sagt ein Punkt im Bild manchmal mehr aus als ein menschliches Gesicht". In Alto kommt der Punkt – das Auge – dem Betrachter entgegen, zieht es aber gleichzeitig zu sich. Nähe und Ferne, im Alter abstrahiert auf den Blick, den Augenblick, so wird „In Alto" die Zeit zeitlos.

Seite 31 – *Diagonale*
Die Diagonale zieht sich wie eine Lichtbahn von links unten nach rechts oben und scheint in der Mitte mit einem Hinderris zu kollidieren, fast wie eine Explosion aus der MItte; wie durch ein Kaleidoskop wird der gebrochene Strahl farbig und eine neue Dynamik. Aber die schwarze Sonne steht über allem.

Seite 35 – *Oben und links*
In der Mitte des Bildes ein architekturähnliches Gebilde aus farbigen Quadraten und Rechtecken, die sich überlagern und ihre Farben mischen. „Das Nach-Links ist eine Bewegung in die Ferne; das Nach-Rechts bedeutet nach Hause kommen". Im spitzen Dreieck, dem kosmischen Gebilde, durchdringt der menschliche Geist das All. Der Himmel – hellwolkig mit wenig Blau – begegnet der Nacht. Tag und Nacht sind durch Kraftlinien miteinander verbunden. Kosmische Ordnungen und menschliche Phantasie durchdringen sich.

Seite 37 – *Balancement*
Ein architektonischer Aufbau in Formen und Farben, irdischer Aufbau unter himmlischen Gestirnen, unser Leben im weiten All, ein Balance-Akt zwischen Diesseits und Jenseits. Fast ein Turmbau, der aber ausbalanciert nicht einstürzt.

Seite 38/39 – *Auf Weiß II*
Im großen Schweigen wie das Nichts vor der Geburt, wird die Geburt deutlich: Wie eine Explosion, die durchkreuzt wird, bindet das Grün – die Ruhe – die Farben; das Leben an sich wird hier und da überlagert, bleibt aber in den Turbulenzen was es ist: Ruhe und Ausgleich.

Seite 41 – *Quiet Harmony*
Im warmen Gelb bewegen sich die Planeten, ist unser Sonnensystem aufgehoben über der Fläche von Dächern und dem Turmbau. Schwarz, das Nichts, geht nicht verloren im Nichts; die Wärme durchstrahlt die Dimensionen und das Grün der Dächer sagt: Geboren und Zuhause, das Blau weist ins Unendliche – und oben rechts wieder Grün: Behütet von der Weite, auch darin in der Harmonie aufgehoben; auch alles als Klangfarben und Sphärenmusik.

Seite 43 – *Schweres Rot*
Vom Rot, der brausenden Energie umgeben, die Gestirne aus dem Rot geboren; rund die Planeten und Sonnen, konstruiert die menschliche Welt mit Verbindungen zum All, in dem sich immer wieder neue Konstellationen zusammenfinden. Wärmendes Gelb, Dunkel-Schwarz, unendliches Blau, ein wenig Wolkenhimmel grenzen das schwere Energiefeld ein. Auf zwei Säulenlinien sind die Bauwerke gegründet, verankert aber im Gegengewicht außerhalb des Geschehens.

WASSILIY KANDINSKY wurde 1866 in Moskau geboren. Nach dem Studium Jura und Ökonomie lebte er ab 1896 in München. Dort begann er das Kunststudium. 1903 unternahm er Reisen nach Venedig, Odessa und Moskau. 1906 und 1907 lebte er in Paris, in der Schweiz und in Berlin.
1908 kehrte er nach München zurück. In Murnau bei München bezog er eine Villa und empfing dort viele Gäste aus Rußland, dort verfaßte er sein Grundprogramm „Über das Geistige in der Kunst". Seine „Improvisationen", „Kompositionen" und „Abstraktionen" entstanden dort. Die „selbständig existierenden" Farben und Formen prägen sein zukünftiges Schaffen.
Als er 1933 auf einer Frankreichreise die Nachricht von Hitlers Nürnberger Parteitagsrede über die „entartete Kunst" erhält, entschließt er sich, Deutschland zu verlassen. Er siedelt sich in Neuilly-sur-Seine bei Paris an, trifft dort Miró, Delaunay und Mondrian. 1937 besucht ihn Paul Klee, der in die Schweiz emigriert ist. 57 seiner Werke werden von den Nationalsozialisten beschlagnahmt. Das Ende des „Dritten Reiches" erlebt er nicht mehr. 1944 stirbt er in Neuilly.

ANNETTE SOETE, Dr. theol., geboren 1956 in Haan im Bergischen Land, aufgewachsen in Bonn, Gymnasialstudien in Bonn und Steyl, Niederlande, Studium der Katholischen Theologie an der Universität Bonn. Promotion im Fach Moraltheologie 1987, mehrjährige Lehrtätigkeit an verschiedenen Hochschulen als Dozentin für Moraltheologie und Biblische Ethik, Leiterin des Katholischen Bildungswerkes Euskirchen, seit 1999 Referentin im Generalvikariat Köln. Veröffentlichte Einzeltexte, Meditationen, ein Krippenbuch und einen Kreuzweg; ist sprachlich engagiert im kirchlichen Raum. Ihre Texte reichen aber weit über diesen Raum hinaus, da sie eine hohe theologische und eine weite philosophische Qualität beinhalten.

Inhalt